MORTS DE PEUR

TEODOR LIMANN

MORTS DE PEUR

La vie de bureau

Les Empêcheurs de penser en rond

ISBN 978-2-84671-171-5

27, rue Jacob, Paris VIe

À Julie

Merci à Béatrice et Jean-Baptiste
pour leur relecture attentive

Qui s'intéresse à l'immense population du « monde de l'entreprise », expression effrayante suggérant l'existence d'un univers troglodyte, différent de celui où nous allons tous les jours acheter notre baguette ? Combien sommes-nous de cadres démotivés à cultiver l'hypothèse d'une seconde vie, à suivre en secret des cours du soir, à vouloir devenir psychanalyste, instituteur, ou guide de haute montagne ? Comment les entreprises peuvent-elles encore survivre avec, de la part de leurs salariés, si peu de foi et tant de cynisme ?

Comme tous les fils de profs, j'ai grandi dans le respect sacré de l'école, et, avec un peu de chance et beaucoup d'efforts, réussi le concours d'entrée de Polytechnique. Mais le système de sélection à la française est ainsi fait qu'il ouvre la voie de la réussite professionnelle à des jeunes gens qui, par identité sociologique et orientation philosophique, n'ont pas envie de faire carrière – ni souvent d'ailleurs les qualités requises. Une génération romantique est ainsi en train d'éclore, et c'est là une bien curieuse ironie de voir des bataillons de diplômés surentraînés, prêts à tout pour échapper au costume cravate et n'être jamais directeurs de rien. Il y a des jours où la vie-de-bureau donne irrésistiblement envie d'aller vendre des beignets sur la plage, de partir alphabétiser le tiers-monde, ou d'investir toute son épargne dans une bergerie. Ce livre n'est pas fait pour vous en dissuader.

Certaines autorités morales voudraient que nous nous réjouissions de participer à une grande aventure économique, sur fond d'innovation technologique et de mondialisation des échanges. La génération précédente nous observe avec scepticisme et paraît regretter que les jeunes gens ne nouent plus leur cravate en chantant. Mais où trouver assez d'inspiration pour composer une ode à la *Business Unit*? À quand le sonnet du *Supply Chain Management* et le cantique du *Free Cash Flow*?

Reconnaissons-nous le droit de nous interroger sur l'utilité sociale et la contribution au bien-être collectif de nos entreprises. À n'y prendre garde, nous allons finir par vivre dans une société où les seules relations non marchandes auront lieu lors d'accidents de 4 × 4 sur le chemin du bureau. Un vrai bonheur.

1
Le désert des Tartares

Il paraît que le temps c'est de l'argent. Qu'il serait rare et précieux. Mais quiconque a déjà travaillé en entreprise sait bien qu'il s'agit là d'une vaste plaisanterie. Le jeune diplômé le découvre avec stupeur en arrivant, plein d'énergie et habitué à la densité d'un apprentissage difficile, teinté d'héroïsme scolaire et de performance sportive pour peu qu'il sorte d'une grande école. La lenteur et l'ennui sont l'essence même de la vie-de-bureau. En franchissant chaque matin le portillon du hall d'entrée, chaque salarié pénètre dans un autre espace où le temps est dilué, les heures engourdies, les événements et les émotions atténués. Le concept même d'événement devient caduc et le temps se mue en une longue corde lisse dépourvue de nœuds comme de repères. La nuit tombe sans que l'on s'en rende compte et nous ne percevons plus du monde extérieur que les bruits étouffés de la circulation. Comme les cellules capitonnées réservées aux fous, les bureaux absorbent les manifestations de la vie, les rendant même incongrues et suspectes.

Il est particulièrement étonnant de constater à quel point la joie, la vitalité et la bonne humeur mises dans le travail peuvent parfois être perçues comme des signes de dilettantisme alors que l'image de sérieux s'accommode très bien d'incompétence et de léthargie. Ces deux qualités peuvent même conférer une sorte d'élégance flegmatique et désabusée à leur titulaire. Surtout ne pas faire de vague pour ne pas réveiller le lion endormi : il faut épouser l'ennui comme un caméléon se fond dans le paysage. Ajustons nos cravates, prenons l'air sérieux et évitons de nous montrer trop sémillant car personne ne voit – et c'est bien normal – de raison particulière de se réjouir.

Pourquoi une telle inversion des valeurs et des comportements ? Sans doute parce que l'entreprise vit dans le mythe de l'éternité et dans l'obligation de sa propre continuité. Son existence ne doit pas s'arrêter aux bornes de celle de ses salariés. La mort, les naissances, les enfants, la vieillesse, tous les jalons du cycle de la vie lui font peur car ils portent en eux la précarité humaine. De la même manière, les jaillissements de la vie lui font peur car ils portent en eux la fatigue du lendemain. Elle se veut permanente et régulière et sait les hommes versatiles et inconstants. C'est pourquoi elle apprécie tant ceux de ses fidèles qui acceptent de perdre leur temps en silence et d'avaler des couleuvres pendant trente ans. Au moins, ils durent. Chez le cadre moyen, l'endurance excuse le renoncement. C'est là toute la différence entre le salarié et l'entrepreneur, qui proclame le triomphe de la volonté et se définit par un rejet viscéral des demi-teintes.

Le plus amusant avec la dilution progressive du temps et des événements, c'est que l'on perd de vue la densité normale d'une journée. Tous les retraités avouent ne plus avoir une minute à eux. Il en est de même des cadres moyens dans les grandes entreprises. Ils se disent complètement « surbookés », mais gagneraient à passer une journée chez un artisan. Les rituels sociaux et l'environnement de travail se sont tellement enracinés qu'ils sont devenus indissociables du travail lui-même et qu'on ne sait plus distinguer ce qui relève du travail et du « para-travail ». Se réunir pour faire le point de la semaine, discuter avec son collègue d'un article paru dans *Les Échos*, prendre un café, puis deux, regarder où en est le cours de la Bourse, *forwarder* quelques blagues circulant sur Internet et faire le tri de sa messagerie, poser ses congés et vérifier le solde (on ne sait jamais, le logiciel peut se tromper...), rappeler un ami au sujet de l'apéro de vendredi, puis sa femme pour les courses du soir, ne pas oublier de réserver les billets de train sur le site de la SNCF, puis travailler une heure ou deux et prendre un café. La généralisation de l'ordinateur offre cet incomparable avantage de ne pas distinguer la « posture travail » et la « posture loisir », et lemonde.fr présente l'avantage sur son jumeau en papier de pouvoir être lu sans être déplié. Dans les deux cas, on tapote sur son clavier, même si certaines oreilles particulièrement affûtées savent reconnaître la cadence spécifique des « clicks » et des « taps » caractérisant la navigation sur Internet. Ce mélange intime de travail et de para-travail fait généralement l'objet d'un pacte de non-agression et de bon voisinage dans l'entreprise, permettant à chacun de traiter ses problèmes d'impôt, de plomberie ou de nounou entre deux réunions sans que quiconque s'en émeuve.

Internet, machine à café et Stabilo (jaune)... La vie-de-bureau constitue une expérience sociale et sensorielle à part entière, avec ses objets fétiches, sa part clandestine et les règles tacites encadrant les petits larcins que l'on s'autorise à commettre contre ce que notre employeur nous prend de plus précieux : notre temps. Il y a une phénoménologie de la vie-de-bureau, pleine de détails et d'impressions, que ne mesurent véritablement que ceux qui la vivent chaque jour.

Certaines entreprises aux mœurs avant-gardistes, cabinets de conseil en tête, déclarent ne plus se préoccuper du temps passé par les salariés au bureau, leur offrent la possibilité de rester chez eux en période creuse et font varier leur rémunération en fonction du volume de travail réalisé en fin d'année. Mais en dépit de ces intentions louables, elles ne peuvent pas contenir une présomption de paresse ou de dilettantisme à l'égard de celui qui veut préserver sa vie personnelle et passer le moins de temps possible au bureau. Ne venir que pour travailler et repartir une fois sa tâche accomplie revient à réduire l'entreprise à sa fonction de production. Curieusement, ce type de comportement utilitariste choque, alors qu'il ne fait que reprendre le dogme de l'entreprise elle-même. Celle-ci semble ne pas se résoudre à définir la relation salariale comme le simple échange d'une quantité de travail contre une quantité d'argent. Il y a en effet une symbolique de l'offrande dans le geste du salarié se présentant tous les jours à son bureau. Celui qui ne vient que pour travailler ne donne pas l'entièreté de sa personne. Il ne s'offre pas en tant que camarade loyal et fidèle, toujours au poste et prêt au sacrifice suprême. La dimension martiale de l'entreprise n'est pas contestable, en dépit de toutes ses dénégations *New Tech* et *New Age* et de sa détestation affichée pour toutes les formes d'administration. Même la plus moderne et la plus décoincée reste attachée au décompte traditionnel des heures de présence. Comme l'armée, elle condamne les déserteurs. « Sombrons, mais ensemble » : tel est son credo. Ou plutôt, « gâchons nos vies dans un travail ennuyeux et rémunérateur, mais ensemble ».

Martiale et grégaire, elle choisira, si on la pousse dans ses derniers retranchements, un homme loyal avant toute chose, et fera passer la morale et l'appartenance avant la compétence. À l'inverse du médecin ou de l'avocat à peu près assurés de vivre de leurs connaissances et de leur savoir-faire, rien ne garantit le salarié de ne pas voir un jour se rompre le lien nourricier qui l'attache à son employeur, particulièrement si sa compétence est diffuse et sa discipline de rattachement incertaine. Soumis aux revirements politiques, il court le risque de s'apercevoir trop tard que l'entreprise jusque-là maternante peut aussi montrer les dents, et de se retrouver sur le marché du travail totalement dévalorisé. D'où cet affreux slogan selon lequel il est de notre responsabilité de veiller à notre « employabilité » future (15 ans de prison ferme pour l'inventeur du néologisme).

On aurait tort de penser qu'il ne se passe vraiment jamais rien dans la vie-de-bureau. Parfois, en effet, quelqu'un quitte l'entreprise et quelqu'un d'autre arrive pour le remplacer. Les mutations suscitent souvent une grande excitation, *a fortiori* lorsqu'elles touchent des personnages haut placés ou lorsqu'elles s'accompagnent de réactions en chaîne : les traditionnels jeux de chaises musicales sont l'objet de commentaires infinis dans les couloirs ou à la machine à café. « Un tel remplace Truc qui remplace Machin. Et Machin quitte le Groupe. Mais qui remplace Un tel, si ce n'est pas Machin ? Mystère… » Derrière cette expression :

« Il quitte le Groupe », ou plus encore : « Il ne fait plus partie de la société », transpire toujours quelque chose de vaguement sulfureux, où perce l'admiration de ceux qui restent pour Celui-qui-a-dit-non. On prête toujours au démissionnaire une sorte de grandeur gaullienne car on se fait le reproche intime de rester pour de mauvaises raisons (même si, par ailleurs, Machin va chez le concurrent pour gagner plus). Qui ne rêve pas en effet, et davantage encore depuis la campagne publicitaire très réussie de la Loterie nationale sur ce thème, du jour où il pourra tranquillement se présenter devant son responsable hiérarchique en caleçon fleuri et lui tendre sa lettre de démission en poussant la chansonnette ? Les mutations véhiculent des fantasmes et des sentiments puissants qui rapprochent étrangement l'entreprise de la prison. Il n'y a que dans les univers carcéraux que les arrivées et les départs prennent autant de relief. Bizutage du nouveau, crainte animale de sa suprématie, repositionnement des rapports de forces. Attente de la libération, envies d'évasion, velléités de reconversion, planification d'une deuxième vie… Tout cela s'applique indifféremment aux deux univers. La seule différence réside finalement dans le fait qu'on ne creuse pas (encore) de tunnel sous la moquette des *open space.* Je demanderais bien à ma femme de prendre en otage un pilote d'hélicoptère pour venir me chercher au travail mais elle risque de me répondre que je n'ai qu'à prendre le métro.

Les entreprises n'ont pas une haute idée d'elles-mêmes, l'extérieur étant généralement perçu comme meilleur, plus compétent et plus moderne, moins empêtré dans ses archaïsmes alors que tout le monde l'est nécessairement à des degrés divers. Par conséquent, le cadre venu de l'extérieur et intégrant un nouveau groupe bénéficiera pendant un certain temps d'un état de grâce et d'une présomption de supériorité. Sera-t-il le messie tant attendu qui saura nous délivrer de notre médiocrité et qui vaincra l'ennui ? Non, bien évidemment. Nous connaissons trop bien notre propre médiocrité et la médiocrité de nos collègues, nous découvrirons inéluctablement celle du nouveau. Nous nous égarons d'ailleurs dans ce constat amer, car cette médiocrité n'est pas la nôtre, mais celle de la vie-de-bureau elle-même.

Si parler des allées et venues constitue une source inépuisable de divertissement, il en est de même des grâces et des disgrâces. Qui est en cour, qui ne l'est plus, qui monte et qui descend ? Le baromètre des carrières attise toutes les curiosités. Parmi les questions les plus posées figure en bonne place celle du remplacement des équipes dirigeantes. Les conjectures sur l'identité des futurs dirigeants pleuvent en proportion du silence entretenu à ce sujet par les patrons en place.

Dans un registre différent, nous pouvons trouver une source de distraction dans les innombrables problèmes techniques générés par notre environnement de travail, qui nous fournissent l'occasion de faire une pause et d'appeler au secours le « SOS Informatique », si notre ordinateur refuse de s'allumer pour l'odieuse raison qu'il est débranché, ou le « SOS Affaires générales » si le néon qui nous surplombe se met à hoqueter, ce qui est proprement insupportable aussi bien pour lui que pour nous. Au fond, et malgré nos grognements, nous aimons les pataquès techniques tout comme les simulations d'incendie car ils nous permettent de nous rassembler et de renouer avec la vie pratique. Un problème, un objet, une solution. Au moins, et à la différence de ceux que nous avons à régler le reste du temps, ces problèmes-là ont une solution. De plus, et on ne le dira jamais assez, les techniciens sont des gens éminemment sympathiques, qu'ils soient en charge de l'informatique, de la climatisation, ou de l'agencement des bureaux. Je forme d'ailleurs la requête, très officielle, d'être détaché, quelques après-midi par semaine, au sein des équipes en charge de l'arrosage des plantes et de l'entretien des espaces verts dans mon entreprise. J'éviterai ainsi de dire des conneries au moins la moitié du temps. Cela en attendant une bonne vieille catastrophe de nature à resserrer les liens sociaux : nous allons bientôt fêter le centième anniversaire de la crue de 1910, et j'ai la chance de travailler sur les bords de Seine.

L'ennui ne règne évidemment qu'au cœur des gros appareils bureaucratiques, qu'ils soient d'ailleurs privés ou publics. Les petites entreprises ne peuvent pas s'offrir le luxe de payer des gens à ne rien faire ou à émettre des idées fumeuses, car le rapport immédiat à la production organise naturellement le travail de chacun. Au sein des cabinets de conseil ou de certaines activités bancaires (banque de marché, banque d'affaires), règne une autre atmosphère, tout aussi dure et contraignante, mais qui résulte autant de la pression objective liée à l'importance des masses d'argent en circulation que d'une exacerbation artificielle des enjeux et d'une effervescence auto-entretenue à coups de vitamines et de cocaïne. Chaque bulle peut ainsi se gonfler d'importance, parler comme le Premier ministre et jouer à la guerre, avant de finir par exploser dans un délai plus ou moins long. Les banquiers, les consultants, tout comme certains cadres supérieurs des grandes entreprises ont trouvé leur voie pour transcender la langueur inhérente à la vie-de-bureau, non pas en tentant d'en réduire l'emprise, mais au contraire en en faisant toujours plus, en rajoutant de la vie-de-bureau à la vie-de-bureau, en travaillant plus et plus longtemps, bref en recherchant l'ivresse dans l'excès. C'est la version caféïnée et extatique de l'ennui bureaucratique où le cadre, entre dénégation et obsession, avale un sandwich à midi, court de réunion en réunion, « fait des nocturnes », prend l'avion une fois par semaine et contemple sa carte Air France Gold en ne voyant pas, derrière le prestige factice des plateaux-repas Fauchon, se dessiner l'enfer et souvent, malheureusement, le cancer (colorectal pour les consultants en stratégie qui se la pètent tout de même pas mal).

À une moindre échelle, l'injonction implicite de dynamisme qui nous est faite, nous cadres moyens des grandes entreprises molles, traduit bien la force de la torpeur qui y règne et l'effort requis pour s'en extraire. En entreprise, le dynamisme est une forme de donquichottisme, vain, désespéré et attendrissant. Mais dans cette histoire comme dans sa version originale, c'est du vent.

Le temps extraordinairement compté dans la vie privée et domestique, notamment chaque matin pour être à l'heure (lever 6 h 30, petit déjeuner des enfants, douche, habillage des enfants, crèche, école, scooter, arrivée 9 h 30), rend intolérable son gaspillage ou sa sous-utilisation par l'entreprise. C'est en la matière une dépensière capricieuse et écervelée qui ne réalise pas tout à fait ce qu'il nous coûte de lui garantir notre présence de 9 heures à 19 heures, cinq jours par semaine, et qui dissipe cette ressource à la légère. Avare de son argent, elle est prodigue de notre temps. Elle le dépense sans compter, ni même réfléchir. Elle ne pense pas assez aux forçats des transports en commun, qui habitent à Marne-la-Vallée et pointent à Guyancourt et qui, pour ne pas rater leurs correspondances, optimisent leur trajet comme s'il s'agissait d'un vol spatial habité, jusqu'à calculer la position exacte sur le quai de gare pour avoir à marcher le moins possible en sortant. Une minute de silence pour les usagers des transports en commun d'Île-de-France, s'il vous plaît.

La solution ? À défaut de gagner assez d'argent pour arrêter de travailler, se mettre à temps partiel. Il y a là d'ailleurs un grand chantier de modernisation sociale à mener pour que les hommes puissent le solliciter sans rougir et sans que soient remis en cause leur virilité, leur sérieux, ni même leur ambition (allez, va pour l'ambition…).

Il y eut un temps où certains cadres des Postes et Télécommunications passaient leurs après-midi aux courses et rentraient au bureau à 17 heures expédier les affaires courantes pendant une petite heure. Et où, inversement, des explorateurs parcouraient le globe sans relâche à la recherche de nouveaux gisements de pétrole. À nous, il ne nous est plus permis de barouder, ni de paresser franchement.

Si l'entreprise est porteuse dans son principe d'un élan positif, d'une énergie créatrice et d'un lien social, sa réalité bureaucratique est malheureusement tout autre, désincarnée, ennuyeuse et obsessionnelle. Plutôt que dans les circonvolutions des grands groupes, le bonheur salarié est probablement à chercher dans la réduction des proportions et des discours, et dans une certaine forme d'humilité artisanale. Nos capitaines d'industrie ont bien commencé par être de petits façonniers un peu gouailleurs. Ne doutons pas que le gai travail existe quelque part, comme le savoir du même nom.

En attendant, nous autres, les cadres cruellement appelés moyens, ne risquons plus de mourir de mort violente et, à défaut de recharger nos revolvers, nous rechargeons d'inoffensives agrafeuses. Mais en troquant le risque et le plaisir contre la sécurité et la fatigue, nous courons sûrement à notre perte. Ni pauvres, ni riches. Ni heureux, ni malheureux. Ni soumis, ni révoltés. Ni vils, ni nobles. Ni pro- ni anticapitalistes. Nous voilà, les salariés, les cadres, vaste armée démobilisée et sceptique attendant, sinon le Grand Soir, au moins le soir.

2
Foutaises

Il est devenu commun de se moquer de la phraséologie managériale, et les gens ont désormais une conscience assez lucide des impostures du langage en entreprise. Certains jeux assez drôles circulent même sur Internet, comme celui consistant à cocher les cases d'un tableau (« Business Loto ») à chaque fois que quelqu'un prononce en réunion un mot interdit – synergie, optimisation… – et à s'écrier « Foutaises ! » dès qu'une ligne ou une colonne est complète. Notons en passant que certains mots se trouvent aujourd'hui tellement chargés de ridicule qu'il devient quasiment impossible de les utiliser même lorsqu'ils sont réellement appropriés, à commencer par la pauvre *synergie,* du grec *sunergia – coopération* – qui a participé malgré elle à tant de constructions fumeuses qu'elle ne s'en relèvera probablement pas avant longtemps.

Nous nous consolerons en rappelant qu'il est dans la nature des épurations d'être excessives et injustes.

Même si l'ironie est désormais de mise, il n'en reste pas moins que certaines expressions ou tournures courantes en entreprise ne sont utilisées nulle part ailleurs. Il ne me viendrait pas à l'esprit de parler d'« interface » ou de « valeur ajoutée » après 19 heures, ni de reprocher à ma femme de ne pas se montrer suffisamment « proactive » en « one to one ». Et pourtant il m'arrive de céder à ce genre de turpitude sémantique au travail. Sans parler des grands incontournables dont la laideur ne réduit curieusement pas le succès : « Je reviens vers vous » (traduction : « Je t'ai envoyé le mail il y a une semaine, qu'est ce que tu fous ? »), « évitons de faire une usine à gaz ! » (traduction : « par cet exorcisme, je voudrais croire que nous sommes capables de trouver des solutions simples et économiques alors que tout le monde sait bien que l'usine à gaz est notre destin »), « il cherche à évoluer » (traduction : « son boulot l'ennuie à mourir, il a envie d'étrangler son responsable hiérarchique, et passe ses journées sur cadremploi.fr en rêvant vaguement à un avenir meilleur tout en sachant qu'il ne le trouvera probablement pas sur cadremploi »). Euphémisme dans l'intention et maladresse dans l'expression, telles sont les deux bases du langage en entreprise.

Ce dernier suit les mêmes réseaux que l'air conditionné de nos bureaux : tout le monde respire les mêmes miasmes, baigne dans le même bouillon de culture, et attrape la gastro en même temps. Nous nageons, quoique nous nous en défendions, dans la confusion la plus complète et c'est pourquoi la clarté des idées et du discours est consacrée comme une vertu cardinale par l'entreprise. Coutumière des injonctions paradoxales, celle-ci nous encombre de néologismes mais, dans le même temps, nous exhorte à énoncer des idées simples et à fuir les concepts à la mode ou les expressions toutes faites qu'elle-même paraît promouvoir, comme si elle souhaitait là éprouver notre indépendance d'esprit. Le bon manager présente les mêmes qualités qu'un bon joueur de football : il récupère des balles difficiles dans des environnements confus, les conserve dans ses pieds quelque temps avant d'en faire une passe limpide à ses équipiers. A contrario, la « novlangue » du management entretient ou accroît la confusion, mais se trouve, contrairement aux idées reçues, davantage utilisée par l'encadrement moyen que par les hauts responsables, dont le verbe est à la fois plus littéraire, plus précis, et plus original.

Les concepts sont comme les crimes, il faut trouver à qui ils profitent. En l'occurrence, une classe entière de chercheurs et de consultants théorise la vie des entreprises dans une sémantique obscure, ampoulée et contente d'elle-même, sous le label un peu diffus de la sociologie des organisations. C'est un mélange curieux de consultants bien coiffés et de chercheurs dépareillés qui se rejoignent néanmoins dans la quête du profit maximal, de l'effort minimal et de la posture la plus confortable, c'est-à-dire extérieure (« je vais faire quelques interviews à l'usine et je rentre à la maison »), moralisante (« bande de vendeurs de savonnettes, vous n'avez pas d'âme ») et intellectualisante (« j'ai réussi à recaser Habermas en parlant de la météo »). Travaillant souvent pour de grands groupes parapublics, ils découvrent rapidement que des factures d'honoraires pourtant exorbitantes à l'échelle individuelle passent miraculeusement inaperçues du grand mammifère assoupi, dans l'épiderme duquel ils décident alors de chercher un agréable refuge.

Les sociologues de l'entreprise présentent une fâcheuse tendance à se désintéresser des objets, de peur de ne pas être considérés comme les purs intellectuels qu'ils aspirent à devenir. Quel est en effet l'intérêt de comprendre comment fonctionne un réseau électrique si l'on peut se faire payer très cher pour disserter sur les « compétences comme créatrices de nouveaux champs de valeur au sein des organisations apprenantes en secteur dérégulé » ? La primauté du concept est le plus sûr indice de la sottise dans ce genre de discipline. Enterrons donc nos livres de sociologie des organisations et de management et relisons *Les Précieuses ridicules*.

Dans la vie du cadre moyen, il y a une circonstance en particulier où sa communication devient cruciale, où la forme devient plus importante que le fond – si ce n'est pas toujours le cas – et où se mesure une qualité que l'on appelait jadis l'éloquence, les recruteurs préférant parler aujourd'hui de « bonne expression orale » ou plus largement « d'aisance relationnelle », pour laisser entendre qu'il faut se montrer souriant, sympathique et légèrement dominateur. Il s'agit bien entendu de l'entretien de recrutement. Cet exercice peut alternativement se transformer en partie de plaisir si l'inspiration est au rendez-vous ou, sinon, en véritable séance de torture, notamment lorsque vous avez en face de vous quelqu'un qui « veut comprendre votre parcours ». Qui n'a pas connu les affres de la justification en pareille situation ?

> – Et donc, vous avez quitté votre emploi de consolideur IFRS chez Valéo pour reprendre un DEA d'histoire. C'était avant ou après votre passage dans les jeux vidéo ?

Mais laissez ce pauvre garçon tranquille ! Vous êtes cohérent vous, peut-être ? Oui ? D'accord, mais vous vous êtes vu ? Un petit peu de contradiction ne vous ferait sans doute pas de mal...

C'est en s'efforçant de répondre à ce type de questions que l'on se rend compte que les contorsions verbales font aussi mal que les vraies. Autre question délicate : expliquer en quoi on trouve cet emploi particulièrement « intéressant » alors qu'on est juste venu pour gagner un peu d'argent. Il est fortement conseillé de faire une réponse en quatre points, comme celle-ci qui a fait ses preuves à de nombreuses reprises pour des lettres de (dé)motivation que l'histoire de la littérature passera opportunément sous silence :

1. Attiré par votre secteur, cette offre constitue pour moi l'opportunité de rejoindre un univers de métiers et de produits dont je me sens proche, tout en me permettant de m'appuyer sur mon expérience en [BIP].

2. Par ailleurs, les missions prévues, combinant une dimension [BIP] et une dimension [BIP], présentent un caractère polyvalent, qui me convient particulièrement.

3. Ayant déjà éprouvé ma capacité à travailler en forte autonomie, j'apprécie dans la fonction de [BIP] la place laissée à l'initiative et à la créativité dans la conduite des dossiers.

4. La relation directe avec les clients constitue pour moi une autre source de motivation, ainsi qu'un levier de progrès et d'enrichissement. Développer et entretenir les relations commerciales fait pour moi partie intégrante du métier de [BIP].

Certains recruteurs pimentent l'entretien en imposant une partie de la conversation en anglais.

Étant donné que, comme 98 % des candidats, votre niveau d'anglais est déplorable et que, comme 98 % des candidats, vous avez indiqué dans votre curriculum vitae que vous étiez « fluent », c'est avec une certaine appréhension que vous entendez votre interlocuteur vous annoncer cette petite épreuve. Mais rassurez-vous : sauf à de rares exceptions, vous ne serez pas ridicule, car la grande force de cette statistique est qu'elle s'applique aux recruteurs comme aux candidats. En un mot, c'est une chèvre que vous avez en face de vous, alors relax.

3
Mort d'un gentilhomme

L'intelligence est une qualité ambivalente en entreprise. On la valorise mais on la craint. On redoute celle des autres. On l'admire parfois ou on en moque les travers sur le thème du « nœud au cerveau », de « l'usine à gaz », du « si c'est trop compliqué, ça ne marchera jamais… ». Dans tous les cas, « l'intelligence intellectuelle » se trouve largement décriée, en grande partie parce que la figure de l'intellectuel elle-même est brocardée. Une sorte d'inconscient collectif un rien poujadiste lui prête une tendance exagérée à l'abstraction et aux échafaudages malsains de l'esprit, ainsi que des inclinations politiques souvent douteuses. A contrario, le « bon sens » bien de chez nous fait recette et cela avec d'autant plus d'efficacité que les rouages des entreprises deviennent plus complexes à décrire et à comprendre, et que se renforce corrélativement le besoin de repères et de simplicité.

Dans le paysage du capitalisme français, un grand Groupe de tradition familiale, que nous appellerons *Marx & Engels* afin de préserver son anonymat, se distingue tout particulièrement par le culte qu'il voue au bon sens. S'érigeant par la voix de son PDG comme le phare de la raison et de la sagesse, résistant seul à la folie moutonnière du marché et construisant, lui, de solides et sains échafaudages de simplicité, il assène sans cesse à ses collaborateurs le message de ne jamais faire ce qu'ils ne comprennent pas.

Outre que ce commandement est beaucoup plus facile à appliquer lorsqu'on est le fils du patron, il méconnaît le fait que la parcellisation extrême des tâches conduit mécaniquement à ce que les salariés ne comprennent rien à ce qu'ils font. C'est même l'essence des Temps modernes que de mettre l'individu en face d'un écrou à serrer qui, sorti de l'objet global dont il constitue une partie, paraît absurde et grotesque. Les bureaux des grandes entreprises descendent directement des firmes industrielles de l'avant-guerre et les cadres ne font rien d'autre que visser chacun leur écrou, même si tout cela se passe désormais sous Windows XP.

Qui, en outre, ne voit pas le fascisme doux qui irrigue sans bruit cette religion apparemment inoffensive du bon sens ? Anti-intellectuel et pragmatique, ce discours se place subrepticement dans le registre de la santé mentale, dans une dialectique du sain et du malsain qui répudie le raffinement littéraire comme un signe de dérèglement.

Osons dire qu'il existe une bêtise du bon sens comme il existe bien sûr une bêtise du snobisme. Il existe également une bêtise dite du « particularisme intellectuel » (dans telle filiale, la culture est radicalement différente et les tables de multiplication également...), comme il existe une bêtise du « jacobinisme intellectuel » arc-bouté sur des idées générales. En un mot, ce n'est certes pas parce que vous faites compliqué que vous faites intelligent mais ce n'est pas non plus parce que vous faites simple que vous faites intelligent.

Si les jeunes pionniers de la nouvelle économie au jargon « e-sotérique » gagneraient probablement à faire un petit stage au marché à bestiaux de Parthenay-le-Vieux, la réciproque est vraie s'agissant des maquignons de l'ancienne économie ruminant leurs Dix Commandements.

Il est assez frappant d'étudier l'orientation des élèves dans les grandes écoles d'ingénieurs. À l'époque où je fréquentais l'École des ponts et chaussées, les étudiants pouvaient, après un tronc commun, choisir un des quatre collèges d'enseignement suivants : « Génie civil et bâtiment », « Villes et territoires » (urbanisme, gestion de l'eau, transports), « Mathématiques appliquées » (informatique) et « Économie – gestion – finance ». Les deux derniers recueillaient la majorité des suffrages, tandis que seuls 5 % des élèves environ se destinaient à l'apprentissage des techniques de construction. Les ponts et les chaussées séduisaient peu. Ce constat peut être étendu à l'ensemble des formations d'ingénieurs en France, ce qui était vrai des écoles de commerce le devenant des écoles d'ingénieurs : la banque et le conseil représentent désormais les premiers employeurs de jeunes diplômés, bien avant les entreprises industrielles. Les filières juridico-financières prennent inexorablement le pas sur les filières techniques – à l'exception notable des métiers de l'informatique – à l'image de la sphère juridico-financière dont le pouvoir va croissant dans l'économie. Banque de marché, banque d'investissement, avocats d'affaires, conseils juridiques, consultants en stratégie : tous ces gens règnent en maîtres sur les entreprises pour la seule raison qu'ils sont les auxiliaires du capital. Qu'ils aient pour fonction de le protéger dans un entrelacs de règles subtiles (juristes) ou de l'investir au mieux (banquiers), ils servent leur maître et s'en trouvent remerciés.

Ce mouvement de fond a de nombreuses conséquences dont une relative dématérialisation de l'économie. Les salariés travaillant sur un site industriel se font de plus en plus rares. « Aller sur le terrain » est devenu une expression phare consacrant la disparition de son objet. Qu'cst-ce que le terrain ? Comment fait-on pour s'y rendre à partir de l'alvéole 118 ? Prendre l'ascenseur et descendre sur le parvis de l'immeuble ? D'accord et ensuite ? Cette quête ressemble en tout point à la recherche d'authenticité des Occidentaux dans le tiers-monde. Une dure vérité attend le cadre désireux d'étreindre la réalité rugueuse : le terrain n'existe pas. Je sais, c'est difficile à encaisser au début, mais on s'y fait. Chacun de nous est le technocrate de quelqu'un d'autre. La réalité a disparu devant nos yeux ou, plutôt, elle s'est transformée. Notre réalité désormais porte un nom : la vie-de-bureau.

Si les entreprises et les gens qui les peuplent étaient stupides, les choses seraient beaucoup plus simples. Mais malheureusement il n'en est rien. Quoi qu'en disent quelques véritables imbéciles pensant faire carrière dans l'Intelligence, les entreprises (même privées) sont pleines de gens surprenants, cultivés et lucides. Il n'y a qu'à la rédaction des *Inrockuptibles* ou aux Guignols de l'Info que l'on se croit autorisé à défendre la patrie de l'Intelligence en danger face aux assauts des barbares du marché. Cette arrogance très parisienne, convaincue que l'art est un milieu et que Kafka était de toutes les avant-premières, pense dire le La, alors qu'elle dit le Fat.

Le problème de l'entreprise n'est donc pas un manque, mais bien au contraire un trop-plein d'intelligence, une emprise de l'intelligence sur les autres fonctions de l'esprit. Il n'y a qu'à jeter un œil sur un schéma directeur informatique ou lire les annexes d'un bilan consolidé pour s'en convaincre. Nos entreprises sont de remarquables mécaniques, qui tournent vite et bien, dirigées par des personnes dont nous apprécions également la

« mécanique intellectuelle ». À tel point que certains d'entre eux pensent par *bullet points*, énumèrent, enchaînent et subdivisent comme si leur espace mental fonctionnait sous PowerPoint. De la belle mécanique partout… mais point d'âme. Pour y remédier, l'entreprise cherche à galvaniser le cadre sceptique, l'emmène en séminaire, l'initie au canyoning, et veut tisser des liens personnels au-delà des relations professionnelles. Mais rien n'y fait ; c'est moins d'énergie ou de communication dont nous manquons que de grandeur et d'intériorité. Cela supposant un certain niveau d'inaction, l'entreprise ne peut l'envisager car elle se veut en perpétuel mouvement. À quand les séminaires de la mélancolie, où des cadres apathiques et non pas dynamiques boiraient du thé en lézardant sur une terrasse ensoleillée avant de commencer un sudoku sans le finir ?

Le culte que nous vouons à la technique se manifeste dans le domaine des médias et du divertissement par la primauté des moyens de communication sur le contenu qu'ils servent à délivrer. Les réseaux de diffusion d'images se multiplient, de nouvelles technologies voient le jour et de nouveaux appareils sont mis entre nos mains pour nous relier au monde. Quel usage fait-on de cette avalanche de possibilités techniques ? Permettre à nos enfants, en caricaturant à peine, de *podcaster* des dessins animés entrelardés de publicités ou de tester la compatibilité amoureuse de leurs prénoms par SMS. Mazette. Dans le même ordre d'idée, l'impression vertigineuse de richesse ressentie par le téléspectateur devant l'écran de contrôle de son bouquet de chaînes s'avère en partie fallacieuse : programmes répétés en boucle, redondants d'une chaîne à l'autre, sans parler de ceux auxquels on se réjouit de pouvoir accéder sans jamais le faire. Il en va ainsi des chaînes d'information étrangères dans les bouquets satellite dont les clients disent qu'elles ont constitué un argument de vente, mais qui sont dans les faits très peu regardées.

La technique nous délivre provisoirement de l'angoisse du néant, de soi et des autres. Elle déplace la question humaine sur l'objet et s'inscrit souvent, dans l'entreprise, dans une logique largement défensive. Le financier et le juriste notamment ont tendance à se servir de leur jargon pour intimider leurs interlocuteurs et asseoir leur autorité. La technique comme tactique de pouvoir : ce n'est pas nouveau mais observons, néanmoins, que le gentilhomme de bonne volonté du Moyen Âge, tout à la fois peintre, physicien, philosophe et humaniste, est définitivement enterré. L'époque est à l'hyperspécialisation et Pic de la Mirandole vient d'être promu Responsable du reporting pour l'Europe du Sud, Division produits frais. Chouette, on est content pour lui. Seuls nos grands patrons peuvent se payer le luxe de dédaigner les arguties d'experts et de se consacrer à l'essence des choses en faisant valoir une approche intuitive et globale. Ils sont les gentilshommes d'aujourd'hui mais comme il n'y a pas assez de postes, vous l'aurez compris, nous avons plutôt pensé pour vous à la comptabilité fournisseurs, des lettres A à J par ordre alphabétique de la raison sociale du fournisseur.

Il y a d'un côté les cadres qui tripotent Excel et échafaudent des *Business Plans* sur 250 lignes et autant de colonnes et, de l'autre, un patron qui n'a pas le temps de se pencher sur ces calculs et sait bien qu'ils relèvent avant tout d'un exercice de style visant à rationaliser a posteriori une décision déjà prise. L'entreprise aime le chiffre. Elle en produit de telles quantités qu'aucun esprit ne pourrait à lui seul en assimiler la totalité ni en dégager la synthèse. Elle crache de la donnée, parce que cela fait sérieux. Clôture trimestrielle des comptes, reporting mensuel, analyses des résultats selon tous les axes possibles… Personne ne quantifie le temps et le coût associé à ce travail présumé essentiel. Ne gagnerait-on pas plus d'argent en sachant avec un peu moins d'exactitude « où on en est » et en envoyant les contrôleurs de gestion battre la campagne et faire du commerce, ce qui présenterait en outre l'avantage de les distraire un peu ? La suppression pure et simple du contrôle de gestion constitue une sorte d'hypothèse limite qu'il faudrait pouvoir envisager sans tabou. Mais c'est à une véritable religion que l'on se heurte. Il y a paradoxalement une grande irrationalité dans cette frénésie rationnelle car elle ne s'applique pas à elle-même l'objectif qu'elle poursuit partout ailleurs : savoir si le jeu en vaut la chandelle.

Les hommes du chiffre et du droit nourrissent une méfiance naturelle à l'égard des commerciaux, des stratèges ou des créatifs et, de manière générale, de tous les gens un peu chevelus qui leur paraissent susceptibles de dépenser l'argent de la société et de prendre des risques de manière inconsidérée. Fronçant les sourcils à la manière du papa en robe de chambre apprenant de sa fille qu'elle veut épouser un guitariste, ils se croient investis d'un devoir de protection patrimoniale ou, plus certainement, s'en *déclarent* investis. Car le plus souvent, nous nous moquons bien – et c'est légitime – de l'intérêt de l'entreprise, sauf peut-être lorsqu'il s'agit d'une PME. Qui poussera l'hypocrisie jusqu'à se dire sincèrement attaché à préserver le capital d'un groupe de plusieurs milliers ou dizaines de milliers de personnes dont les actionnaires sont inconnus, lointains ou déjà immensément riches ? Le zèle des contrôleurs financiers ne provient pas d'une prétendue volonté de servir les intérêts supérieurs de l'entreprise mais d'un ressentiment profond à l'égard de ceux qui osent s'amuser au travail. Il en va ainsi de l'ensemble des personnels dits fonctionnels, notamment ceux d'entre eux dont la mission consiste précisément à tempérer ou à encadrer les projets d'expansion et la créativité des gens de métier. Bien évidemment, compter, gérer et prévoir n'amusent personne : il est beaucoup plus plaisant de laisser aller ses idées, de dépenser l'argent des actionnaires et de déboucher le champagne avec des partenaires dans l'euphorie des affaires naissantes. Toutefois, il faut bien que quelqu'un fasse le sale boulot et se coltine la lourde mécanique juridique et financière que ces divertissements impliquent. Le fonctionnel est là pour ça. Souvent persécuté dans les cours de récréation pendant son adolescence, il trouve dans la rigueur des chiffres à la fois une forme d'exutoire à ses obsessions, un instrument de contrôle tyrannique dirigé contre les insouciants, ainsi qu'un facteur bienvenu de distanciation par rapport aux enjeux ou aux valeurs du business. Même s'il passe sa vie à le compter, il peut se révéler plus étranger à l'argent qu'il n'y paraît, la mission d'exactitude autorisant un certain niveau de détachement moral.

Alors la tentation serait grande de délaisser la technique et de ne consacrer d'importance qu'aux relations humaines, de faire sa petite mue spirituelle de cadre *New Age* découvrant enfin que la vérité est ailleurs. Comme un chercheur dépressif rencontrant l'Église de scientologie, le cadre rencontre le management et son dogme. Il se met à lire des livres, se charge de théories et en cherche l'illustration dans la réalité observable. Mais il ne fait là que troquer une technique contre une autre dans la mesure où le management peut être interprété comme une technique des relations humaines.

Devenu à l'entreprise ce que la psychologie est à la société dans son ensemble, c'est-à-dire une vulgate pour salle d'attente, il détourne l'aspiration métaphysique des salariés, la domestique pour la réinsérer dans l'univers productif, socialisé et positif. Le management, c'est la religion digérée par l'organisation.

4
Machiavel pour les nuls

À l'image de la classe moyenne dans la société, la population des cadres moyens a progressivement grossi dans les entreprises jusqu'à occuper quasiment tout l'espace, notamment dans le secteur des services où le taux d'encadrement est traditionnellement élevé. Le niveau Bac + 5 est devenu une sorte de standard alors qu'il restait exceptionnel il y a quelques décennies encore, et certains découvrent aujourd'hui avec stupeur qu'il n'offre pas de garantie d'emploi. Démocratisation de l'accès à la formation et tertiarisation de l'économie : voici les deux ferments de la prolifération des cadres moyens. Ayant vu, à mesure que leur nombre augmentait, leur pouvoir et leur rémunération relative largement régresser, ils souffrent, comme la classe moyenne dans son ensemble, d'un sentiment de déclin et nourrissent la plus grande méfiance à l'égard des dirigeants. La vraie frontière ne se situe plus comme autrefois entre agents de maîtrise et cadres, mais entre cadres moyens et cadres supérieurs (après quoi vient le jambon au torchon et à l'os). Immense ventre mou des organisations, les cadres moyens ne sont d'ailleurs pas plus épargnés que les ouvriers par les programmes d'amincissement et de restructuration abdominale. Plongés dans l'anonymat et dans le silence médiatique, on ne les en sort qu'en cas de vaste plan social, ou ponctuellement lorsque la presse magazine titre sur le « vrai salaire des cadres ».

Devant le nivellement des profils et des compétences et l'extension de la classe moyenne, certaines entreprises se trouvent dans l'obligation de créer des distinctions et des statuts intermédiaires, dépourvus de réelle signification mais qui confèrent l'agréable sensation de progresser dans la hiérarchie. Ce phénomène est particulièrement vivace dans les entreprises à forte population de jeunes diplômés, qui se heurtent au cercle nécessairement restreint des dirigeants effectifs. On ne dira jamais assez la vanité des titres, la palme revenant (encore) aux cabinets de conseil où les « seniors managers » ont généralement à peine dépassé la puberté.

Fondamentalement, vous avez le choix entre deux types de vanité : la vanité fonctionnelle (je suis Senior manager, Directeur général adjoint, Nonce apostolique, Dauphin de France, Spider Man...) ou la vanité sectorielle. En simplifiant un peu, les jeux de miroir sociaux sont ainsi faits qu'il est plus sexy de travailler dans le monde de la culture, des médias ou la finance que dans l'agro-alimentaire, même si, en réalité, le comptable fait peu ou prou la même chose chez Gallimard et chez Friskies. En dépit de leur similitude, le premier se sentira plus proche d'un Directeur de collection de la noble maison que de son homologue dans les croquettes, ce en quoi il s'égare probablement. Certaines personnes poussent le raisonnement à l'extrême, en préférant faire le ménage à Saint-Germain-des-Prés, plutôt qu'accepter un emploi de bureau dans une entreprise anonyme. C'est là tout l'aveuglement des groupies de croire que la proximité avec une personnalité ou un haut lieu suffit à capter une part de leur aura ou à instaurer, par reflet, une quelconque légitimité. Travailler dans l'édition ne rapproche nullement du métier d'écrivain, de même que coucher avec une star du rock ne fait pas mieux chanter. Le talent ne se transmet malheureusement pas par la salive. Il faut absolument dédaigner cette stratégie d'entrisme mondain dont le ressort n'est pas l'admiration, tant celle-ci suppose de pudeur, mais la génuflexion, voire la prostitution. Comme à l'admiratrice des années soixante, la coterie fera payer au (à la) jeune assistant(e) la chance qui lui est donnée de graviter dans son orbite : par le sexe, l'humiliation, la précarité matérielle et, en fin de compte, la répudiation. Ajoutons par ailleurs que le comptable de Friskies ou son frère, VRP dans la chaussette, ont autant de chances que le comptable de Gallimard ou l'assistant de plateau impatient de « percer dans le cinoche » d'écrire humblement de belles choses à leurs heures perdues et de se trouver dépositaires d'un véritable talent torturé.

Quoi qu'en disent les tenants d'un management moderne et décontracté, les castes ont encore de beaux jours devant elles. Dans l'entreprise, plusieurs catégories socioprofessionnelles se croisent mais elles se parlent peu. Il en va ainsi des femmes de ménage, des cuisiniers et de l'ensemble du « petit personnel » qui s'active discrètement et poliment sous la surface lisse de nos bureaux. Nous les saluons, certes. D'aucuns vont plus loin et font connaissance pour dissiper le malaise ancillaire que nous ressentons tous. Avez-vous déjà franchi le miroir des cuisines, au moment où vous déposez votre plateau vide et sale sur le tapis roulant ? Il m'est arrivé d'en faire l'expérience pour récupérer le téléphone portable que j'y avais oublié. Le décor a bel et bien un envers : cinq ou six hommes, tous noirs, luttant comme des forcenés pour soutenir la cadence. Ne soyons pas dupes des rapports d'exploitation extrêmement violents qui sévissent encore dans l'entreprise. Le ménage, la restauration et la gestion des bâtiments sont le plus souvent confiés à des prestataires, de sorte que tous ces salariés, bien qu'y travaillant tous les jours, ne font pas partie de la même entreprise et ne bénéficient pas des mêmes droits que vous. L'externalisation présente maints avantages, y compris celui de se laver les mains de leurs problèmes. Argent et consciences : l'entreprise blanchit tout.

Alors, à quand le Grand Soir ? Pourquoi ne nous révoltons-nous pas davantage ? Pour la bonne et simple raison que nous sommes morts de peur. Peur et paranoïa sont les seuls ciments possibles d'un système dépourvu de plaisir. Peur des autres, vécus comme autant de menaces à sa propre existence ; peur du patron, dont les pouvoirs surnaturels, comme chacun le sait, lui permettent de foudroyer ses collaborateurs en projetant des rayons laser avec les yeux lorsqu'il n'est pas content ; peur de soi et de ses propres limites, peur continuelle de paraître idiot en réunion, peur de l'avenir, et bien entendu peur de perdre son emploi.

La peur de perdre la face s'avère d'autant plus prégnante en entreprise que la valeur de chacun ne repose sur aucun fondement objectif. Il n'existe pas de vérité mais seulement un faisceau d'opinions plus ou moins convergentes dont l'intéressé d'ailleurs ignore tout, la plupart du temps. Nous ne sommes pas dans la situation d'un artisan dont les réalisations parlent d'elles-mêmes et dont le savoir-faire est facilement mesurable. Au croisement de l'intangible et du collectif, nous redoutons que notre contribution ne soit pas identifiée et reconnue, voire qu'elle soit attribuée par erreur ou par stratagème à quelqu'un d'autre. Nous avons tous à l'esprit au moins une personne qui ne nous paraît pas reconnue à sa juste valeur, et au moins une autre, paresseuse et / ou incompétente, parvenant à faire illusion et à faire durer cette illusion de manière totalement inexplicable. L'imposteur existe-t-il réellement ou bien est-il la projection du ressentiment ? La capacité à faire illusion ne traduit-elle pas simplement une aptitude à la communication et au marketing de soi, que l'entreprise, à tort ou à raison, considère comme une qualité ? L'idée assez répandue que des imposteurs goguenards puissent jouir à vie d'une impunité complète s'inscrit en tout cas parfaitement dans l'esprit de défiance et d'incroyance à l'égard de l'entreprise et de ses règles du jeu.

Étrangement, la paranoïa désigne à la fois une pathologie psychiatrique grave et un trait de caractère, seulement agaçant, dont on peut être amené à faire le reproche gentiment, tout en l'excusant immédiatement, voire en le valorisant implicitement (ce qui n'est pas vrai, notons le, de la « schizophrénie » par exemple). Le terme prend bien entendu une signification différente dans chacun des cas, mais cette polysémie n'est pas anodine. La société tout entière aime bien les paranos et l'entreprise, elle, les adore. Alvéolaire, secrète et guerrière, elle en constitue la matrice naturelle. Rendez-vous compte : des hordes de concurrents prêts à tout pour vous dépecer vivants, des collègues au sourire ambigu, des rumeurs, des complots… Comment ne pas devenir parano ? Même l'employé de la Sodexho me regardait bizarrement tout à l'heure au stand grillades, vous n'avez pas trouvé ?

Fermons donc nos armoires à double tour, broyons nos documents et avalons les copeaux et, surtout, inventons des noms de code ridicules pour parler entre nous des opérations secrètes, comme les fusions et acquisitions. « Fusacq » pour les initiés. On dit aussi « M & A » pour « Merger and Acquisition » (prononcer « aiménai ») si l'on veut crâner. Si l'entreprise est un contingent de l'armée régulière, la fusacq est un mélange de DGSE et de GIGN, un corps d'élite entraîné au renseignement et aux opérations spéciales. Attention, ça ne rigole plus en fusacq. On espionne, on achète, on vend, on attaque, on contre-attaque. Un travail fatigant mais bien récompensé si l'on aime les gadgets : le stylo-plume lance-torpilles est fourni avec l'ensemble de la panoplie.

Les grandes affaires sont malheureusement trop rares et les paranos doivent se replier sur de plus modestes intrigues, des mini-Watergate un peu grotesques. Même dans la machination, le cadre moyen doit réduire ses prétentions. Rien n'est plus drôle que de voir s'approcher un comploteur de seconde division, qui baisse la voix, s'assure de votre silence et vous rapporte, avec l'onctuosité machiavélique d'un grand diplomate, des péripéties de bureau sans importance. Le soin mis à propager l'insignifiance en y attachant de lourds enjeux stratégiques est, vous pourrez le vérifier dès demain, un indice assez certain de médiocrité.

La paranoïa remplit une fonction essentielle dans nos entreprises. Étant donné qu'une écrasante majorité des emplois sont inutiles ou ennuyeux, elle confère à notre travail l'intérêt projeté des autres. On m'en veut, car on m'envie. On cherche à me nuire, car je menace les autres par ma réussite… Les rationalisations possibles ne manquent pas en la matière. La paranoïa est étroitement liée à l'ennui. En faisant surgir la convoitise fantasmée d'autrui, elle le rend acceptable à l'orgueil et permet ainsi de préserver l'estime de soi.

Certaines entreprises ont poussé le modèle alvéolaire et paranoïaque à sa limite en se divisant en une multitude de *Business Units* ou en les collectionnant, par croissance externe. Des sociétés sœurs, faisant partie du même groupe, peuvent alors se retrouver sur le même marché et se livrer une concurrence commerciale féroce, allant jusqu'à se disputer les recrutements à la grande surprise des candidats qui ont du mal à comprendre que la gestion des dossiers ne soit pas centralisée. Il est connu que les rapports entre sociétés sœurs sont souvent plus difficiles et plus haineux qu'avec des tiers, a fortiori lorsque la confusion est savamment entretenue par le pouvoir central sous prétexte qu'elle favoriserait l'émulation. Elle favorise surtout la division qui, comme on le sait, permet de mieux régner.

Nos hommes et femmes politiques ont beau faire référence avec insistance au modèle scandinave, nous, Français, entretenons avec le pouvoir une relation qui oscille entre l'insubordination gauloise et le culte napoléonien mais qui n'est jamais neutre, dédramatisée ou pragmatique. En France, le pouvoir ne se réduit pas à un simple mandat de gestion et ne s'est jamais vraiment départi de son essence royale. Ainsi, il faut savoir que les Présidents-directeurs généraux ont conservé la faculté de guérir les écrouelles par imposition des mains.

La journée que le Groupe *Marx & Engels* organise à l'intention de ses jeunes recrues est assez frappante à cet égard. Deux heures y sont réservées à un travail en petits groupes thématiques dont la mission est de mettre par écrit trois ou quatre questions à poser au Président. Ces questions sont lues et triées par un responsable à la mi-journée et une seule reçoit son visa. Après le déjeuner, les rapporteurs désignés par chaque groupe doivent prendre place sur l'estrade et, sur les recommandations de l'animateur, se présenter de façon assez formelle et poser la question choisie au Président-directeur général.

C'est ainsi que, dans une ambiance de liturgie glacée, vous vous retrouvez, comme d'autres jeunes cadres pétrifiés, à attendre la divine apparition dans l'amphithéâtre. Tout le monde est prêt, mais Sa Majesté, dont on vous apprend qu'Elle arrive en hélicoptère, a malheureusement un petit peu de retard. L'animateur peine à combler.

Un malaise palpable s'installe dans l'assemblée quand, enfin, Louis XVI déboule. Les organisateurs sont aux petits soins puis, après une brève introduction, l'exercice commence. Des voix chevrotantes et mal assurées s'élèvent dans le silence et adressent au Sultan de doctes et gentilles petites questions. Lorsque votre tour vient, vous regardez le grand Manitou droit dans les yeux, vous rassemblez tout votre courage, décidez de faire fi de la carrière qui s'ouvre devant vous et vous lui lancez cette interpellation héroïque, cette provocation incroyablement hardie : « Quels impacts l'appréciation de l'euro face au dollar peut-elle avoir sur les activités du Groupe *Marx & Engels* ? » Vous vous sentez petit métayer à côté du grand Seigneur.

Dehors le soleil brille et les jardins à la française entourant le siège pharaonique du Groupe invitent à la promenade. Vous vous moquez éperdument de la trajectoire du dollar et de la balance commerciale et n'écoutez pas la réponse du Généralissime. Vous pensez à la violence faite aux paysans pendant la révolution industrielle, regroupés de force dans les usines et brutalement arrachés à la nature. Ce lieu vous renvoie étrangement l'écho de cette souffrance, à moins que ce ne soit seulement le bruit des pales de l'hélicoptère impérial.

Les vivantes illustrations de dynasties patronales sont suffisamment nombreuses et notoires pour qu'il soit inutile de les rappeler. Si la transmission héréditaire du pouvoir paraît assez légitime dans le cadre d'une entreprise patrimoniale, une forme de népotisme cynique et sans gêne sévit dans l'entreprise au profit de simples dirigeants. Il serait faux de nier son existence, comme il serait excessif d'en exagérer l'importance. Certains contre-exemples attestent de la possibilité d'accéder aux plus hautes fonctions sans le moindre appui et en étant issu de milieux modestes.

Néanmoins, la fabrique familiale, que l'École corrige de façon seulement marginale, conditionne largement nos destins dans les entreprises privées où le « savoir être » et la maîtrise des codes sociaux revêtent une importance cruciale. Cela est moins vrai de la fonction publique où la sélection par concours introduit davantage d'égalité entre les milieux d'origine. Les jeunes gens de bonne famille dont le parcours scolaire n'a pas été fameux trouvent toujours dans l'entreprise une forme de promotion interne et une école de la seconde chance. Leur décontraction les rend plutôt sympathiques et l'aplomb dont ils font preuve les sert considérablement. De commerce agréable, ils « passent bien » car ils n'ont pas grand-chose à perdre ou à démontrer. Inversement, le jeune diplômé de la France d'en bas fera reconnaître comme une qualité la fringale qui l'anime, mais aux franges de laquelle il pourra difficilement taire une pointe de hargne, de revanche et de doute. Règne de l'argent tempéré par le souci des apparences et poids de l'appartenance : la bourgeoisie est la nature même de l'entreprise.

5
EH BIEN, DANSEZ MAINTENANT !

L'entreprise n'échappe pas à la morale et à la politique, même si elle fait tout pour ne pas avoir à s'y coltiner. Le plus grand hold-up intellectuel de tous les temps a été commis par le capitalisme qui prétend être le seul modèle d'organisation économique possible et par l'entreprise moderne qui veut nous persuader qu'elle est une sorte de donnée naturelle de l'existence, totalement indépendante de choix moraux ou politiques.

C'est toute son adresse que de travestir un coup de force idéologique en vérité scientifique. Elle nous explique qu'il n'y aurait pas d'autre manière de concevoir les échanges et la production que sous l'angle actuel de la gestion rationnelle et du management d'inspiration anglo-saxonne. Elle se présente, tout comme le système capitaliste dans son ensemble, comme amorale et apolitique.

Affirmer que « le capitalisme n'est ni moral, ni immoral, mais amoral » est même devenu le signe flatteur d'une intelligence pénétrante et d'une neutralité idéologique très en vogue.

Mais pourquoi, là comme ailleurs, l'existence ne précéderait-elle pas l'essence ? Pourquoi ne pourrait-on pas inventer d'autres formes d'action collective ? Pourquoi devrions-nous nous résigner à enlaidir notre monde et nos existences sous prétexte que tous les autres font la même chose ? C'est tenir l'Homme en bien peu d'estime que de nier à ce point sa volonté. Nous sommes tous aujourd'hui habités par l'idée d'une force économique hostile mais souveraine, d'un mouvement de fond auquel nous serions contraints de nous soumettre sous peine de sombrer dans les ténèbres. Cette force nous paraît d'autant plus inexorable qu'elle se pare de la légitimité et de la toute-puissance d'un élément naturel, ce qui exclut d'emblée tout débat sur le bien, le mal, et les finalités de l'existence. La nature et l'amoralité comme interdits de penser… Comment en vouloir à la Terre si sa croûte se déplace de temps à autre ? Elle n'est ni bonne ni mauvaise, mais naturelle : mieux vaut bouger avec elle que de vitupérer dans le vide.

Encore une fois, l'ingrédient essentiel à la perpétuation du système est la peur. L'idée d'une norme extérieure et inéluctable s'abattant sur nos têtes ne peut véritablement s'imposer que dans une société où chacun vit dans la crainte d'être marginalisé ou relégué. C'est dans notre peur collective face à la marche du monde que nos gouvernants puisent leurs arguments, et dans nos peurs individuelles de salariés que nos patrons puisent les leurs. Le discours de l'adaptation prospère sur la peur de l'exclusion : nous devons adapter notre économie pour ne pas avoir à subir celle des autres et chacun d'entre nous doit, à titre individuel, s'adapter au monde du travail s'il souhaite s'y maintenir (comme si, d'ailleurs, nous passions notre temps à avaler des loukoums vautrés sur un canapé). La France a peur d'être distancée et nous avons tous peur d'être disqualifiés. Qui ne redoute pas de se retrouver un jour, avec d'autres droïdes à moitié déglingués, déclaré hors d'usage et bon pour la ferraille ? Mais si nous sommes tous des juifs allemands, alors nous sommes tous des chômeurs de longue durée. Personne ne pouvant être totalement adapté, même le consultant le plus tendance et le mieux coiffé de la place renferme les germes de sa propre obsolescence. Les jeunes cadres fringants sont les futurs quinquagénaires usés dont les entreprises voudront se débarrasser. Malgré mon costard rayé, je suis le chômeur mal rasé et le SDF au regard vide qui me fait face chaque matin dans le métro.

Les débats nourris sur la Constitution européenne ont fourni une démonstration éloquente du rôle joué par la peur dans l'économie. Que les tenants du Oui en soient réduits à brandir sans cesse la menace représentée par les grandes puissances (États-Unis et Chine en tête) pour défendre la nécessité de la construction européenne illustre nettement la dérive obsidionale et anxiogène de l'argumentaire officiel. Il est assez déprimant que le discours public ne porte plus la curiosité du lointain ni l'enthousiasme des rencontres et que se soit en partie perdu un certain usage, tout à la fois politique et voluptueux, du dépaysement.

Il faut battre en brèche l'idée selon laquelle l'entreprise serait régie par des lois scientifiques ou par un déterminisme naturel. Elle relève avant tout d'un rapport culturel au temps, aux autres et à la richesse. Le contrôle de gestion n'est pas l'essence de l'homme moderne et heureusement pour nous. Ajoutons que le capitalisme n'est pas amoral et l'entreprise, qui en est l'organe, pas davantage. Contrairement à ce qu'elle prétend, celle-ci est une militante très engagée. Elle ne veut surtout pas l'avouer, évitant soigneusement tout glissement du débat vers les questions qui fâchent, sous prétexte que celles-ci se trouveraient à l'extérieur de son périmètre de légitimité. Lorsqu'on l'y pousse malgré tout, elle se raidit dans une posture fausse de laïcité outragée. Prétendant fonder son action sur la raison, le bon sens et le compromis, elle en usurpe l'apparente bonhomie et dissimule sa propre fonction politique. Derrière le placard, au fond de votre bureau, se trouve en effet un laboratoire où votre entreprise peaufine le portrait du gestionnaire idéal, pondéré, rationnel et dévoué. C'est en son sein que se fabrique cette espèce particulière d'hominidé, l'homme de bureau, et que se façonne la vie moderne. Ce faisant, l'imprudente joue avec notre âme.

Lorsqu'elle vous laisse gravir quelques-uns de ses échelons, l'entreprise peut toutefois prendre le risque de parler vrai et de vous dévoiler enfin son vrai visage comme un ami ayant suffisamment éprouvé votre loyauté, peut vous livrer le fond de sa pensée.

Prenons l'exemple d'un séminaire de cadres dits à « haut potentiel » organisé par le Groupe *Marx & Engels*. Au cours de ce séminaire, un intervenant réalise, devant ce petit cercle de personnalités montantes, un long exposé critique sur les 35 heures, sans que cette prise de position et cette irruption soudaine dans le champ politique ne surprennent quiconque. Au bout d'une demi-heure de propagande, chacun ressort convaincu que Martine Aubry, sur laquelle fusent quelques plaisanteries douteuses, a pour secret dessein de collectiviser les moyens de production et de déposséder le patronat. Dans ce genre de situation, si vous vous permettez d'émettre un doute, vous passez pour le gauchiste de service, le type sympathique mais manquant de réalisme et que l'on tourne gentiment en dérision. Si vous insistez en restant sérieux, l'affaire devient grave et la police politique se voit rapidement saisie de votre cas.

Comment la polarisation du champ politique pourrait-elle ne laisser aucune trace sur le monde des grandes entreprises ? Il est de notoriété publique que le Président du Groupe *Marx & Engels* entretient des liens étroits avec le milieu politique et, par ailleurs, que cette entreprise dépend très largement des commandes de l'État au travers de grands chantiers ou de concessions de services publics. L'interpénétration des élites devrait suffire à discréditer l'idée d'une neutralité idéologique de l'entreprise.

Mais le plus amusant dans cette histoire est que ces cadres, si soucieux de l'avenir et de l'efficacité de la France, si préoccupés par la dérive dirigiste de l'État dans les affaires économiques, sont tout contents de s'octroyer, de temps à autre, un vendredi ou un lundi à la faveur d'une RTT. Jamais le double discours n'aura atteint de pareils sommets qu'au sujet de la Réduction du Temps de Travail : c'est peut-être mauvais pour le pays, mais qu'est-ce que c'est bon ! Ce sont les mêmes qui se scandalisent officiellement de la mesure et qui en savourent secrètement les effets en se pressant dès le vendredi midi sur l'autoroute des maisons de campagne (car la RTT se prend aussi par moitié, ce qui en constitue un mode de dégustation parcimonieux et distingué…). Nous observerons à ce propos que l'on utilise généralement l'expression « 35 heures » – à connotation négative – pour dire du mal de la réforme, et celle de « RTT » – à connotation positive – pour désigner les repos auxquels elle nous donne droit, comme s'il s'agissait là de deux concepts totalement étrangers l'un à l'autre.

L'entreprise aime cultiver une image lisse et helvétique dont chacun sait très bien qu'elle masque à la fois un engagement politique implicite et des turpitudes de toutes natures. En tant qu'être de désir et non pas seulement, comme elle aime le laisser croire, de raison, elle carbure au pouvoir, à l'argent et à l'ivresse des deux. Elle est même complètement camée. Offrant à l'actionnaire la possibilité d'un enrichissement sans commune mesure avec les revenus d'un travail salarié, elle libère, par la magie de cette disproportion, des effluves capiteux. Sans remettre en cause le mérite ni le génie créatif de certains entrepreneurs, ni même la propriété privée des moyens de production, ne doit-on pas s'interroger sur le bien-fondé de l'évolution actuelle du capitalisme qui transforme les entreprises en « actifs » à acheter ou à vendre aussi simplement que de simples marchandises et qui fait ou défait des fortunes colossales sans que personne ne comprenne véritablement comment naît ou se détruit la valeur ? Les Bourses ne sont pas de nouvelles venues dans l'économie de marché mais leur ascendant est incontestablement un fait majeur de son histoire récente. Les fusions et acquisitions ont le vent en poupe et les banquiers d'affaires exultent, tandis que de jeunes gens bien mis, complètement déterritorialisés et gagnant, à trente ans, dix fois le SMIC, démembrent des industries centenaires dans une ambiance rock & roll. Les nouveaux rois, ce sont eux, les bouchers désosseurs en costume rayé.

Les récents scandales financiers nous ont appris que le capitalisme n'était ni infaillible ni impassible et, surtout, qu'il ne pouvait pas occulter sa dimension morale ou, plutôt, immorale en l'occurrence, au nom d'une prétendue neutralité objective. Enron, Parmalat, Altran, les montants mirobolants empochés par les patrons de Carrefour et de Vinci, les stock-options d'EADS… autant d'affaires retentissantes qui entachent le monde de l'entreprise dans son ensemble en instillant le soupçon sur la véracité des comptes et l'intégrité des dirigeants. De quoi donner envie aux jeunes de se lever le matin avec le sentiment de servir de grandes causes…

Pour essayer de sauver les meubles, de nouvelles lois ont été votées afin de protéger les épargnants :

Sarbanes Oxley Act aux États-Unis, Loi de Sécurité financière en France. Cette dernière impose, notamment, aux groupes cotés de rédiger un rapport décrivant leur système de contrôle financier. Énième rapport ajoutant un étage supplémentaire à la monumentale fusée de bureaucratie des grandes entreprises et alourdissant encore la masse considérable d'informations mises à la disposition du public. Cette annexe supplémentaire au rapport de gestion du Conseil d'administration n'est évidemment lue par personne, ni par les analystes financiers ni par les actionnaires auxquels elle est destinée (à défaut peut-être de quelques petits porteurs à la retraite particulièrement retors). Ce rapport n'est probablement consulté que par ceux à qui la pénible tâche a été confiée de le rédiger pour leur propre entreprise et qui se demandent bien ce que les autres ont pu y raconter, le jeu consistant à en dire le moins possible, sans pour autant donner l'impression d'éluder les points délicats. Finalement, les seuls à tirer bénéfice de ces nouvelles obligations sont les cabinets anglo-saxons qui vendent à prix d'or aux multinationales françaises des missions de mise en conformité avec la loi américaine.

Comment croire qu'un nouveau dispositif de contrôle peut suffire à changer l'air du temps, si celui-ci est filou, cynique et vénal ? Notre esprit de mécano se trahit dans cette ambition naïve, comme si une règle, un comité ou une procédure de plus pouvaient réellement agir sur la malhonnêteté viscérale du capitalisme et les mécanismes de la mauvaise foi. Naïveté désarmante ou, au contraire, redoutable exercice de communication, tout entier contenu dans ce mot d'ordre chic de *corporate governance*? À quoi servent tous ces comités d'audit, sinon à verser de confortables jetons de présence à leurs membres et à surtout ne rien changer ni ne déranger personne, tout en donnant au marché financier l'assurance que « tout est sous contrôle ». Tout cela n'est que verbiage et encore verbiage, le plus entraînant le plus et la logique du contrôle se reproduisant sur elle-même dans un empilement de bureaucratie sans fin. À nous entendre, nous voudrions nous guérir de la corruption au moyen de ce gadget managérial, un peu comme si nous espérions éduquer nos enfants en leur faisant remplir des questionnaires d'auto-évaluation et comme si la morale était réductible à un ensemble de contraintes et d'incitations, ou d'« incentives » comme disent les consultants bien coiffés. Nous n'échapperons pas à la question du bien et du mal.

D'invention assez récente, l'audit prend de plus en plus de poids dans les grandes entreprises, dont les ramifications nombreuses et internationales échappent souvent au regard et à la portée du pouvoir central. Externe ou interne – c'est-à-dire réalisé par des cabinets extérieurs ou par les services financiers de l'entreprise elle-même – l'audit se présente comme un instrument de contrôle et une source d'information parallèle, au service des directions et des actionnaires. Qu'en est-il réellement ? Dédié initialement à la détection des fraudes et des erreurs, il se heurte dans cette mission à la grande complexité des flux financiers, à l'ingéniosité des comptables et, surtout, à la relative rareté des malversations avérées ou même des fautes de gestion. Généralement bredouille, il doit donc se satisfaire de « diffuser une atmosphère de contrôle ». De fait, l'arrivée de jeunes gens du siège, propres sur eux et venant porter la bonne parole, passe rarement inaperçue. À l'origine de confrontations imprévues et de situations parfois cocasses, ce parachutage de blancs-becs méthodiques dans le monde réel ne se résume néanmoins pas à un inoffensif stage de déniaisement. Il véhicule la violence du jeune contre le vieux, du diplômé contre le sans-grade, du centre contre la périphérie. Il initie de bons élèves voulant bien faire, à la suspicion et à la froideur, notamment lorsque l'entreprise les instrumentalise pour diagnostiquer ou conduire des restructurations. Il instaure un climat de surveillance policière et de défiance généralisée. En cela, l'audit remplit probablement l'objectif inavoué qui est le sien.

L'image donnée par les entreprises, notamment les plus grandes et les plus officiellement respectables d'entre elles, correspond ainsi très rarement à la réalité. Les sujets de distorsion ne manquent pas : respect de l'environnement et des salariés, répartition des richesses, transparence financière… Mais les rapports entre l'entreprise et la morale sont rarement aussi ambigus qu'au sujet de la famille. A priori, on aurait tendance à penser que leurs valeurs convergent : stabilité, respectabilité et hétérosexualité. Le(la) salarié(e) idéal(e) est un père (une mère) de famille assagi, consensuel et vaguement ennuyeux, propriétaire d'un monospace, entre deux âges, entre deux classes, ethniquement rassurant et politiquement incolore. L'entreprise comme la famille sont à la recherche d'équilibre et de normalité. Elles manifestent toutes deux la même réticence devant le piercing de nez, l'anarchisme et, de façon générale, toute forme de scandale ou d'excentricité, car elles veulent avant tout rassembler. Morale minimale, morale des apparences, sans doute, mais qui présente l'avantage de la durée. L'entreprise et la famille, même combat, alors ? Que nenni ! Certes, il y a les primes de naissance, les congés spéciaux et les petits cadeaux du comité d'entreprise. Mais que dire de l'accueil généralement réservé aux femmes déclarant leur grossesse ou revenant de leur congé maternité ? Si l'entreprise aime généralement les enfants déjà nés, à condition qu'ils ne tombent pas trop souvent malades, elle a encore quelque difficulté à accepter la gestation.

Et puis, il y a le soir, cette fameuse tranche 18 heures-20 heures, au cours de laquelle se comptent les véritables fidèles et se trahissent les autres, les paresseux, les mères ou pères de famille et tous ceux qui ne voient pas l'intérêt de faire semblant de travailler jusqu'à nuit noire alors qu'ils pourraient, au même moment, être à l'opéra, en train de jouer avec leurs enfants ou au lit avec leur maîtresse, toutes choses par ailleurs qui, en dépit de leur apparente futilité, sont plus sérieuses que le travail dont le sérieux n'est qu'apparent – gravité affectée, sens emphatique de la responsabilité et virilité surjouée de l'engagement. Finalement, l'entreprise préfère ceux qui ont une vie personnelle et familiale mais qui la fuient ou la sacrifient, par opposition à ceux qui n'en ont pas, toujours suspects d'incapacité sociale ou sexuelle… et ceux qui en ont une mais s'y sentent trop bien. Quoiqu'elle s'en défende, elle nous intime implicitement l'ordre de ce sacrifice.

Quelle est donc la morale de l'entreprise ? À défaut de nous apporter le bonheur, elle nous offre des biens et des services, ce qui n'est déjà pas si mal. Certes, mais elle nous amène dans le même sac les complications qui vont avec et qui n'ont rien à envier aux complications médicales. La similitude n'est d'ailleurs pas seulement apparente, tant ouvrir un manuel technique revient à entrer à l'hôpital, un problème en soulevant un autre selon le principe d'une réaction en chaîne.

Dans l'exemple de la dérégulation des télécommunications, on essaie de nous convaincre de l'avantage que présente l'existence d'une multitude de concurrents, en lieu et place du monopole historique de France Télécom. La concurrence stimule la créativité des industriels et permettrait de faire baisser les prix au profit des consommateurs. Mais quel économiste s'intéresse au coût de l'*emmerdement*, au temps perdu à faire la queue dans des boutiques exiguës au milieu d'adolescents technophiles, à écouter les explications des vendeurs et à essayer de comparer des offres délibérément opaques ? Ces minutes perdues et cette énergie gaspillée ont une valeur – sans compter l'exaspération –, que personne, inexplicablement, ne cherche à mesurer. Il faut, inversement, rendre grâce à la simplicité et en apprécier le confort à sa juste valeur.

Qu'importe de payer un peu plus cher, si cela nous évite des complications inutiles ? Et l'essentiel n'est-il pas après tout de disposer d'un téléphone qui fonctionne avec le minimum de boutons pour pouvoir causer dans le poste avec ses amis ?

Outre qu'elle insulte notre humanité en nous considérant comme d'odieux « agents » uniquement soucieux d'accroître leurs richesses, la théorie économique ne va pas au bout de sa propre logique, car la concurrence et la recherche du meilleur prix sont fréquemment biaisées par des subventions publiques masquées (le prix d'un billet d'avion, par exemple, n'intègre que partiellement le coût des infrastructures aéroportuaires) ou par l'absence de prise en compte des coûts environnementaux induits (le prix du transport routier n'intègre pas le coût de la pollution qu'il engendre et que nous subissons tous).

C'est donc bien de choix de société qu'il s'agit et non pas de purs arbitrages marchands. Nous voulions l'avion et la voiture, et nous les avons rendus abordables en en finançant collectivement une grande partie. Il n'y pas de valeur ou de richesse en soi, mais un pouvoir qui les désigne et qui détermine en cela notre mode de vie et nos objets de consommation.

C'est tout l'enjeu du débat sur le libéralisme et la mondialisation que de savoir quel monde nous souhaitons habiter et léguer à nos enfants. Sans qu'il soit aisé de la préciser, nous ressentons tous une réticence instinctive devant ce que l'on appelle la marchandisation du monde. Il s'agit là moins d'un point de vue politique que d'une réaction philosophique au spectacle de l'économie de marché. Inexorablement, celle-ci nous transforme en gestionnaires de nos propres vies, comme si nous étions à la tête de micro-entreprises individuelles, avec le seul objectif d'en maximiser les bénéfices ou, à l'instar des acheteurs des grandes entreprises, d'en optimiser les coûts. Certains cadres utilisent d'ailleurs à la maison les mêmes outils de gestion qu'au bureau pour leurs prévisions budgétaires personnelles, le suivi de leur portefeuille d'actions ou le montage d'un projet immobilier défiscalisant. Après tout, personne ne nous oblige à pousser le vice aussi loin mais nous sommes de plus en plus souvent sommés de nous prononcer, de choisir et de calculer. Dernier exemple en date : les renseignements téléphoniques. Nous avions le 12, c'était simple et plutôt sympathique. Nous nous retrouvons aujourd'hui avec plusieurs dizaines de numéros dont il nous faut étudier les offres, les tarifs et tenter de peser les avantages et les inconvénients. Quel progrès ! La réaction naturelle en pareille situation consiste à rechercher dans la liste l'opérateur historique, le bon vieux France Télécom qui bénéficie globalement de notre confiance. Ce n'est peut-être pas le plus trendy mais, au moins, on est certain avec lui qu'il n'y aura pas d'entourloupe. C'est dans la coexistence d'une intelligence vive et mécanique et d'un immense vide métaphysique que s'asphyxient doucement nos esprits.

Ceux qui s'aventurent parfois à poser une question naïve sur le sens de nos efforts savent ce qu'il en coûte : un regard d'incompréhension dans le meilleur des cas, sinon une mine horrifiée, comme si vous veniez de proposer qu'on rétablisse les goulags sur-le-champ. C'est très précisément parce que notre système économique se soustrait habilement à tout débat sur ses fins dernières que l'idée politique est en train de sombrer. Alors, allons-y, continuons à produire des voitures et à polluer nos villes puisque des milliers d'emplois sont en jeu dans le secteur de l'automobile, le spectre du chômage confisquant tout débat sur notre projet de société et nous maintenant dans l'obligation de persévérer dans la course absurde au Produit intérieur brut.

La sagesse nous enseigne que la condition du bonheur repose dans le silence des organes, autrement dit que la meilleure chose à en attendre est qu'ils remplissent leur fonction sans trop faire parler d'eux. N'avons-nous en effet pas plus important à faire que de nous préoccuper sans cesse de la salle des machines ? Nous voulons que nos reins fonctionnent, voilà tout. Qu'importe donc qu'ils soient particulièrement performants ou seulement normaux ? Qui pourrait sérieusement se prévaloir de posséder un rein à « double capacité de filtration » ? Mais ce principe devient plus difficile à admettre lorsqu'on l'applique à la hiérarchie de valeurs fondant notre vie sociale et notre vision du travail. Par un curieux renversement des priorités, nos organes de production suscitent l'attention croissante de chacun comme s'ils n'étaient pas subordonnés à des fins et à des activités plus élevées, et ne devaient pas d'abord viser à nous libérer du fardeau de la survie matérielle pour nous laisser penser, rêver et converser ? Au lieu de ça, nous nous inclinons, fascinés et respectueux, devant les spasmes tonitruants du gros intestin de la consommation, le stéthoscope branché en permanence sur ses gargouillis, pour ne pas dire ses flatulences. Réclamons le silence du commerce, comme nos sages invoquaient le silence des organes, et remettons l'argent à sa place !

L'exemple de la téléréalité est assez représentatif du terrorisme intellectuel que nous subissons tous en permanence. Quiconque ose se dresser contre cette machine à abrutir se voit opposer l'argument définitif, asséné sans répit, selon lequel ce type de programme bénéficie d'un grand succès populaire et qu'il est donc particulièrement malvenu et méprisant d'en remettre en question la valeur. L'audience justifie le programme comme, de manière générale, et comme l'Amérique nous l'a appris malgré nous, le client justifie le produit. Au-delà de ce constat, plus aucun commentaire n'est permis, puisque critiquer le produit revient à insulter son consommateur. C'est toute l'efficacité du système capitaliste que de puiser en lui-même ses sources de légitimité, abolissant toute considération morale ou esthétique et tout critère de jugement transcendant. La simple existence de téléspectateurs en grand nombre suffit à fonder la qualité et l'intérêt d'un programme, ce qui, encore une fois, nous prive d'un débat sur la télévision et la culture. Le beau et le bien, on s'en moque, puisqu'il suffit d'appeler Médiamétrie pour savoir si ça marche. « Allez dire ça aux millions de gens qui nous sont fidèles chaque vendredi soir », vous répondent les pourvoyeurs de sous-culture en vous faisant endosser malgré vous l'habit de l'élitiste condescendant, ou de l'intellectuel parisien. Mais qui est le plus méprisant, au fond ? Celui qui prétend aimer le peuple et la province mais vit dans un cénacle parisien de gens de télévision ? Celui qui vous répond avec cynisme qu'il a toujours été vain de vouloir inculquer le violon aux paysans ? La terre est sans doute assez vaste pour trouver un espace de liberté entre l'URSS et l'Île de la Tentation.

Bien évidemment, le capitalisme ne puise pas sa force que de ceux qui en défendent explicitement les principes et les intérêts, mais de chacun d'entre nous. Les véritables capitalistes, de cœur ou de métier, ne sont pas légion et même si leur pouvoir dans la société va bien au-delà de leur représentation, rien n'est plus faux que d'imputer l'entière responsabilité de nos maux à une imaginaire mafia de patrons, mercantiles et sans scrupule, coiffés de chapeaux hauts de forme et tirant les ficelles de nos destinées un cigare à la bouche. Sans toutefois nier leur existence, nous sommes par nature pris dans un double mouvement contradictoire, l'un rimbaldien et insouciant, nous invitant à l'errance et à la dissipation de nos ressources, l'autre matérialiste et prévoyant, nous poussant à la préservation, à l'accumulation et au calcul. L'apothéose du capitalisme révèle avant tout le triomphe, en chacun de nous, de la fourmi sur la cigale. Nous devons l'envisager à l'échelle de la psychologie individuelle autant qu'à celle de l'économie et de la politique, ce qui place, a contrario, la résistance aussi bien dans notre faculté à surmonter nos addictions que dans les formes sociales de lutte. Le capitalisme – comme l'anticapitalisme – est aussi chose intime, car sa force n'est pas étrangère à celle, que nous connaissons tous et qui se passe de longs discours, d'un frigo bien rempli.

Face aux dérives de la consommation, il nous appartient de défendre notre besoin d'absolu et de marquer notre refus en recherchant des voies d'épanouissement originales. Parmi celles-ci, la carrière humanitaire paraît tentante : sensations fortes, éloignement radical, rugosité des conditions de vie, grandeur morale et reflets d'héroïsme… L'humanitaire conjugue l'aventure personnelle et la satisfaction morale, la quête et le don de soi, le frisson et l'éthique, alors que le bureau ne nous offre bien souvent ni l'un ni l'autre, c'est-à-dire ennui et prosaïsme.

Mais les candidats aux carrières associatives et

humanitaires ne peuvent plus se prévaloir de leurs seuls bons sentiments. Les associations veulent désormais ressembler aux entreprises et adoptent pour cela leur langage, leurs normes et leurs valeurs. Point d'idéologie mais de l'efficacité. Ici, comme ailleurs, le romantisme devient suspect, chassé de son dernier refuge. Les motivations enflammées sont reçues comme autant de signes d'incompétence et les orientations politiques comme des marques de sectarisme. La perle rare : le jeune surdiplômé, doté d'un sentiment de culpabilité suffisamment fort pour accepter d'effectuer le même travail qu'en entreprise pour une moitié de salaire, mais avec la satisfaction de servir une noble cause. Les associations se mettent à parler processus, audit, reporting, comme si la phraséologie de l'entreprise les lavait de leur réputation d'amateurisme ou d'archaïsme.

Certaines associations en particulier, se composant d'un véritable échantillon de l'élite scolaire et universitaire internationale, promeuvent l'idée qu'on ne lutte pas contre la pauvreté par l'assistance mais par l'économie. Ces anti-missionnaires ne veulent pas sauver les pauvres ni les convertir mais, au travers du microcrédit par exemple, les mettre au travail pour leur donner les moyens de se sauver eux-mêmes. Redoutable inversion dont on peut discuter à loisir le bien-fondé, mais qui illustre en tout cas sans ambiguïté l'annexion du champ de la morale et de la religion par celui de l'économie et de sa miraculeuse neutralité.

Table

RÉALISATION : PAO ÉDITIONS DU SEUIL
IMPRESSION : CORLET À CONDÉ-SUR-NOIREAU
DÉPÔT LÉGAL : OCTOBRE 2007. N° 171 (106360)
IMPRIMÉ EN FRANCE